BEI GRIN MACHT SICH IHR WISSEN BEZAHLT

- Wir veröffentlichen Ihre Hausarbeit,
  Bachelor- und Masterarbeit

- Ihr eigenes eBook und Buch -
  weltweit in allen wichtigen Shops

- Verdienen Sie an jedem Verkauf

Jetzt bei www.GRIN.com hochladen und kostenlos publizieren

Simon Meier

Die Musik von "21 Grams": Minimalistische Filmmusik mit hohem Wirkungsgrad

GRIN Verlag

Bibliografische Information der Deutschen Nationalbibliothek:

Die Deutsche Bibliothek verzeichnet diese Publikation in der Deutschen National-
bibliografie; detaillierte bibliografische Daten sind im Internet über http://dnb.d-
nb.de/ abrufbar.

Impressum:

Copyright © 2006 GRIN Verlag GmbH
Druck und Bindung: Books on Demand GmbH, Norderstedt Germany
ISBN: 978-3-640-43702-3

Dieses Buch bei GRIN:

http://www.grin.com/de/e-book/135620/die-musik-von-21-grams-minimalistische-
filmmusik-mit-hohem-wirkungsgrad

GRIN - Your knowledge has value

Der GRIN Verlag publiziert seit 1998 wissenschaftliche Arbeiten von Studenten, Hochschullehrern und anderen Akademikern als eBook und gedrucktes Buch. Die Verlagswebsite www.grin.com ist die ideale Plattform zur Veröffentlichung von Hausarbeiten, Abschlussarbeiten, wissenschaftlichen Aufsätzen, Dissertationen und Fachbüchern.

Besuchen Sie uns im Internet:

http://www.grin.com/

http://www.facebook.com/grincom

http://www.twitter.com/grin_com

Minimalistische Filmmusik mit hohem Wirkungsgrad

Die Musik von 21 GRAMS (2003) analysiert

Proseminar Filmmusik - vernehmen, beschreiben, verstehen, bewerten

WS 2006 / 07 Universität Zürich

Seminar für Filmwissenschaft

Verfasser:

Simon Meier

Überarbeitete Fassung: Februar 2012

Inhaltsverzeichnis

1 Einleitung

In dieser Proseminararbeit soll die Arbeitsweise des Komponisten und Musikers Gustavo Santaolalla, der dieses Jahr den Academy Award für seine Komposition zu BABEL (R: Alejandro Gonzales Iñarritu, FR/US/MX 2006) erhalten hat, genauer untersucht werden. Wie versucht er die zu einer Sequenz passende Stimmung zu erzeugen? Wie und wann wird seine Musik eingesetzt?

Oft wird darüber diskutiert, wie eigenständig eine Komposition zu einem Film sein soll: Darf sie nur untermalen, soll sie als Komposition für sich alleine stehen können und ohne Bilder, der Populärmusik entsprechend, für sich alleine hörbar sein oder soll sie ganz einfach mit den Bildern zusammen eine Einheit, ein untrennbares Ganzes bilden, das man nicht von einander getrennt betrachten kann?

Gustavo Santaolallas Spezialität liegt darin, dass er die Fähigkeit besitzt, die Grundstimmung von Einstellungen herauszuspüren, die durch seine reduzierte Musik etwas sehr Magisches und Hypnotisches erhalten. Er wendet dabei weder ein klassisches *Underscoring* oder die *Leitmotivtechnik* an, sondern ist der *Mood-Technique* zu zuschreiben. Dabei sind seine Kompositionen nicht als blosses Kreieren von Atmosphäre zu verstehen. Santalolla versteht sich darauf, trotz seines Minimalismus auch psychologische Motivationen und erzähltechnische Funktionen einfliessen zu lassen.

Seine unkonventionelle Art der Vertonung möchte ich genauer untersuchen und ihre Funktionsweise nachvollziehen. Dazu werde ich mich des Filmes 21 GRAMS (R: Alejandro Gonzales Iñarritu, US 2003) bedienen, zu dem Gustavo Santaolalla die Musik komponierte. Da er erst seit kurzem als Filmkomponist tätig ist, gibt es sehr wenig Literatur über ihn und sein Schaffen. Daher werde ich allgemeingültige Texte über Filmmusik als Analysematerial verwenden.

2 Kontextualisierung

2.1 Biographie von Gustavo Santaolalla

Gustavo Santaolalla, der vom Time Magazine zu einem der zwölf einflussreichsten Lateinamerikaner in den USA gewählt wurde (Time 2005), wurde 1951 in Buenos Aires geboren. Während seiner Kindheit wurde er von amerikanischer Musik stark beeinflusst: Von den Beach Boys bis hin zum Jazzsinger Nat King Cole. Durch diese Einflüsse geprägt, gründete er 1967 die Rockgruppe *Arco Iris* und avancierte zu einer wichtigen Figur des lateinamerikanischen Rock (Internet Movie Database 2007).

Der Durchbruch im Musikmarkt gelang ihm als Musikproduzent der Firma *Surco Records,* die er zusammen mit seinem Freund Anibal Kerpel gründete und zum Förderer noch unbekannter lateinamerikanischer Musiker wurde. Seine Karriere als professioneller Filmkomponist startete Santaolalla mit seiner Komposition zu AMORES PERROS (2000) des mexikanischen Regisseurs Alejandro Gonzalez Iñarritu, für den er auch BABEL (2006) vertonte (Internet Movie Database 2007).

2.2 Instrumentarium

Wer sich mit der Filmmusik von Gustavo Santaolalla beschäftigt, kommt nicht umhin sich intensiv mit verschiedenen Gitarren-Arten auseinander zu setzten. Sie ist in allen seiner Kompositionen mehrfach vertreten und steht im Zentrum seiner Kompositionen.

Iñarritu stellt über Santaolallas Beziehung zur Gitarre fest, dass er mit ihr fähig ist, die innere Stimme eines Charakters zu offenbaren (Santaolalla 2003).

Neben der akustischen und der E-Gitarre verwendet er häufig die *Ronrocco*; ein kleines, südamerikanisches Zupfinstrument mit fünf Saiten, der Familie der Lauten zugehörig. Die kleinere Variante nennt man *Charango*. Sie ist normalerweise eine Oktave tiefer gestimmt (Santaolalla 2004).

Ein weiteres wichtiges Instrument Santaolallas ist die *Guitarron*; eine grosse, akustische, sechssaitige Bassgitarre. Sie wird traditionellerweise in Mariachi Bands[1] gespielt. Für die Vertonung von BABEL erwarb Santaolalla eigens eine *Oud*, eine Kurzhalslaute, die in der traditionellen Musik des Mittleren Ostens verwendet wird, und erlernte ihre Spieltechnik (Santaolalla 2004/Santaolalla 2006).

In 21 GRAMS verwendete er ein für Filmmusik ungewöhnliches Instrumentarium: Vibraphon, Flöte, Perkussion, Büchsen, Zinn-Violine, Ronroco und natürlich Gitarre, geben der Filmmusik ihre einzigartige Klangfarbe. Anhand der Auswahl der Instrumente lassen sich erste Rückschlüsse auf den Sphärischen (Vibraphon, Flöte) und Rhythmus fixierten (Perkussion, Büchsen) Charakter der Musik machen (Santaolalla 2003).

2.3 Synopsis

21 GRAMS hat einen Plot mit drei Handlungssträngen, die nicht chronologisch präsentiert werden. Der Film erzählt die Geschichte des Mathematikers Paul (Sean Penn), der schwer herzkrank ist und auf eine Organspende wartet. Christina, eine ehemalige Drogensüchtige (Naomi Watts), ist glücklich verheiratet und hat zwei Töchter. Jack (Benicio Del Toro), der dritte Protagonist, ist ein tiefgläubiger Exkrimineller.

Die Ereignisse überstürzen sich, als Jack in einem Autounfall Christinas Ehemann und ihre zwei Töchter tötet. Paul erhält das Herz von Christinas verstorbenem Mann. Jack begeht Fahrerflucht und beginnt an seinem Glauben zu zweifeln. Trotz Protest seiner Frau stellt er sich der Polizei und wird inhaftiert. Paul trennt sich von seiner Frau, als er erfährt, dass diese bei einer früheren Trennung ihr Kind abgetrieben hatte. Er macht sich mit Hilfe eines Privatdetektiven auf die Suche nach der Familie des Organspenders. Christina ist in Zwischenzeit rückfällig geworden und hat sich wieder den Drogen hingegeben. Paul nähert sich Christina an und die beide werden schliesslich ein Paar. Jack, der aufgrund fehlender Anklage seitens Christina freigelassen wurde, lebt von seiner Familie getrennt als Bauarbeiter. Weil sich Christina emotional doch nicht in ihrem neuen Leben zu Recht findet, bittet sie Paul Jack zu töten. Dieser zeigt sich jedoch unfähig, den ihm unbekannten Mann zu ermorden. Er verfolgt Paul zurück in ein Motel, wo dieser mit Christina übernachtet. Jack fordert Paul nun seinerseits auf ihn zu erschiessen, da er seinen Lebenswillen verloren hat. Es kommt zu einem Handgemenge. Christina schlägt auf Jack ein. Paul erleidet einen Herzanfall und setzt sich selber einen Schuss in die Schulter. Paul stirbt im Spital, wo der Film zu Anfangs begonnen hat.

Weil die Geschichte (Story) nicht in einer chronologischen Reihenfolge erzählt wird, ist eine lineare Entfaltung musikalischer Themen nicht möglich. Der Zuschauer erfährt die Effekte von Ereignissen auf die Protagonisten oft bevor er die Ursachen dieser zu sehen kriegt. Auf die daraus folgenden musikalischen Implikationen werde ich im Folgenden eingehen.

3 Die Filmmusik von 21 GRAMS

3.1 Einordnung der Filmmusik

Bevor ich mich der Arbeitsweise Santaolallas genauer zuwende, möchte ich seine Musik in einen grösseren Kontext des filmischen Musikschaffens einordnen. Dazu muss berücksichtigt werden, welche Art von Filme Santaolalla vertont. Es sind keine Actionfilme oder Blockbuster, auch keine Komödien, die meistens *compilation scores*[2] (Gorbman 2001: 16) verwenden. Santaolallas bevorzugte Filme sind Dramen wie BROKEBACK MOUNTAIN (2005) oder BABEL (2006). Seine Kompositionstechnik hebt sich dabei grundlegend von klassischen Vertonungen von Hollywoodfilmen ab. Er benutzt keine ausgearbeitete symphonische Leitmotivtechnik, die auf eine musikalische Charakterisierung von Figuren, Orten oder Motiven abzielt und diese bei wiederholtem auftreten variiert wiedergibt. Diese Negierung von spätromantischen Kompositionstechniken, die primär auf eine Verdoppelung der auf der Bildebene evozierten Gefühle abzielen, lässt Santaolallas Arbeit mit Adornos und Eislers (1969/1977) Forderung nach eigenständiger Filmmusik korrespondieren. Adorn/Eisler treten für eigenmächtige, kunstvolle Filmmusik ein, die dem Charakter der Neuen Musik entspricht. Sie soll ein antithetisches Verhältnis zum Bild einnehmen, dem „Zuschauer einen Sinn vermittel[n], der über das Gesehene hinausreicht. Die Musik soll weniger die Bewegungen im Bild oder die Emotionen, die die Darsteller zu den Bewegungen verleiten, widerspiegeln, sondern Stimulans der Bewegung sein" (Krohn 2008).

Santaolalla beschreibt seine Kompositionstechnik in einem Interview als nichtsymphonisch, minimalistisch. Er arbeite stark mit Texturen, klanglichen Leerstellen, charakteristischen aber auch atonalen Melodieelementen. Dabei verwende er das Instrumentarium, das die erzählte Geschichte am besten vermitteln könne. Wenn dies nur aus einer Trommel und einer Flöte bestehe, dabei aber den Kern des Filmes erfasse, sei das die richtige Entscheidung. Er tritt daher für eine offene, progressive Filmmusik ein, die sich je nach Bedürfnis unterschiedlichster Praktiken bedienen sollte (Stage and Screen online 2007).

3.2 Minimalismus

Die Musik von 21 GRAMS ist sehr atmosphärisch, dem Ambientsound[3] ähnlich. Sie durchzieht aber nicht den ganzen Film, sondern wird bewusst in bestimmten Situationen eingesetzt, etwa in Momenten grosser Trauer, Intimität oder erzählerischer, atmosphärischer Dichte. Die Komposition dauert insgesamt nur 19 Minuten, werden aber durch den Einsatz mehrere Gesangsstücke ergänzt (Santaolalla 2003).

Santaolalla (2003) benutzt oft Vibraphon und synthetisch erzeugte Töne, um einen Klangteppich für seine Gitarre zu haben, die er über die meditativ klingenden Toncluster spielt. Die mehrheitlich in einem langsamen Tempo gespielten Stücke führen zu einer Veränderung der Zeitwahrnehmung. Der Schnitt wirkt durch die langsamen Tempi der Musik dynamisiert.

Brown (2006) sagt zur modifizierten Zeitwahrnehmung bei minimalistischer Filmmusik:

> Trotz der Abwesenheit von Melodie im traditionellen Sinne und der Verwendung von im Grunde genommen nur fragmentarischen kompositorischen Mustern, steht der Minimalismus gegen Avantgarde-Techniken, weil er mit tonalen Harmonien arbeitet und diese Fragmente in sich hypnotisch wiederholende Schleifen einsetzt. Diese definieren die musikalische Zeit neu; aber nicht durch ihre Zerlegung wie beim *Pointillismus*[4], sondern indem sie sich bis zu einem Punkt ausdehnen, an dem sich die linearen Grenzen des physischen Raums und der chronologischen Zeit auflösen [...] (Brown 2006: 517).

Das Stück „Can Light Be Found In the Darkness?" ganz am Ende des Films besitzt diesen sich ausdehnenden Schleifencharakter. Paul, dessen Körper das Spenderherz nicht annimmt, liegt im Sterben. Man sieht Aufnahmen aller beteiligten Protagonisten in Zeitlupe. Die Erzählerstimme von Paul fragt, wie viel 21 Gramm wiegen. Das Gewicht, das nach seinen Worten beim Eintritt des Todes verloren geht. Es ist ein vierfach variiertes Gitarrenmotiv zu hören, das nach jeder Wiederholung tiefer wird. Die Motive schwellen wie das Geräusch von Glocken auf- und ab, man kann die Dynamik daher als transformierte Todesglocken interpretieren. Durch die Verwendung von Zeitlupe und dem hypnotischen Effekt der Musik, entsteht der Eindruck von Zeitlosigkeit. Alles hält scheinbar einen Moment inne, als Paul stirbt (112'33''–115'00'').

Die Komposition hat etwas, wie durch das Zitat oben angedeutet, Reduziertes, improvisatorisch Anmutendes. Santaolalla (2003) verwendet eine akustische Solo- oder E-Gitarre, um die Grundstimmung einer Szene einzufangen, lässt einzelne Töne nachhallen, verzerrt sie. Dies erreicht er mit Hilfe von *Tremolo*[5] und *Glissando*[6]. Die Melodien hält er sehr einfach; kurze, einprägsame, sich wiederholende Tonabfolgen, so genannte Riffs, werden mehrfach ausgespielt und variiert. Seine Musik wirkt dadurch sehr meditativ und atmosphärisch. Filmmusikkritiker, die sich an eigenständig wirkenden, detailliert auskomponierten Filmmusiken für Orchester erfreuen, haben Mühe mit Santaolallas Komposition. Sie hält sich sehr dicht an die Bilder, verschmilzt nahezu mit ihnen. Clemmensen (2007) meint zur Komposition von 21 GRAMS:

> Whereas he [Iñarritu; S.M.] finds Santaolalla's score to 21 Grams to be widely inspiring, it's just as easy to dismiss the music as aimless, lethargic sound effects, lacking in personality and distinction. The score doesn't lack purpose, for its meandering solo performances likely serve the film well in conveying the surreal environment of the story. On album, however, Santaolallas work can be boring if not tedious, with extended guitar chords droning and pulsating with minimal, if non-existent rhythms [...] (Clemmensen 2007).

Seine Aussage bietet einen interessanten Anhaltspunkt zum Verstehen des Konzepts, das meines Erachtens hinter 21 GRAMS steht, wenn er die Musik als lethargische Soundeffekte bezeichnet. Ich werde darauf im Kapitel „Geräuschcharakter der Musik" zurückkommen.

Da Santaolallas Komposition zeitlich sehr knapp gehalten ist, bleibt genügend Platz für ruhigere Momente, in denen nur Geräusche oder Dialog zu hören sind. Wenn eine Filmmusik während der ganzen Laufzeit eines Filmes ertönt, wird der Zuschauer unter Umständen unempfindlich dafür. Stille kann in manchen Momenten stärker wirken als mit Musik untermalte Einstellungen.

Ein passendes Beispiel für die Ausdrucksstärke von Stille ist eine Sequenz kurz vor Ende des Films: Jack sucht Paul auf, nachdem dieser ihn mit der Waffe bedroht und eingeschüchtert hat. Doch Paul ist nicht alleine. Christina ist bei ihm, die nun zum ersten Mal den Verantwortlichen für den Tod ihres Mannes und ihrer beiden Töchter sieht. Es kommt zur Auseinandersetzung zwischen Jack auf der einen und Paul und Christina auf der anderen Seite (109'40''–112'30''). Unrealistischerweise werden alle Umgebungsgeräusche und Dialoge ausgeblendet. Gorbman (1976: 452) nennt dies *metadiegetische Stille*. Es ist nur noch ein unterschwelliges Rauschen zu hören. Das gleiche Geräusch das man hört, wenn man Christina aus einer Unterwasserperspektive schwimmen sieht. Der Fokus und die Aufmerksamkeit liegen nun ganz auf dem Kampf zwischen den zwei Parteien. In einer Einstellung schlägt Christina in tiefer Verzweiflung auf Jack ein, der sich zuvor über Paul hergemacht hat. Die Dramatik wirkt durch das unterschwellige Rauschen sehr plastisch, gleichzeitig aber auch surreal. Die temporäre Stille findet mit einem Pistolenschuss, den sich Paul in die eigene Schulter setzt, ein plötzliches Ende. Christina lässt von Jack ab. Das Rauschen wird jetzt immer lauter, die steigende Spannung versinnbildlichend, da Paul schwer verletzt ist. In der anschliessenden Einstellung herrscht anfangs absolute Stille. Man sieht Blätter vor einem Abendhimmel zu Boden fallen. Die Stille wirkt im Kontrast zu den vorhergehenden Geschehnissen sehr stark. Dann setzt die Musik der Schlusssequenz ein.

Stille gewinnt also erst durch die Gegenüberstellung mit dramatischen Ereignissen oder und durch ihre gezielte, zeitlich nicht zu lange Verwendung, ihre Ausdrucksstärke. Iñarritu stellt bezüglich der Wirkungsweise von Stille in 21 GRAMS fest:

> [...] a film has to have a voice and that voice is made by the incidental sounds that clash against each other between scene and scene and the music that is played, and most importantly, by the music that was never played and leaves us with that silence which is sometimes the most powerful note in the music of a film (Santaolalla 2003).

3.3 Psychologie

Santaolalla komponierte die Musik, die im Film nur extradiegetisch zum Einsatz kommt, nicht wie sonst üblich nach Vorlegung eines Rohschnitts, sondern bereits vor dem Beginn der Dreharbeiten, nach lesen des Scripts. Die so entstandene Komposition wurde bei den Filmaufnahmen zur Stimmungserzeugung und zur Unterstützung der Darbietung der Schauspieler direkt auf dem Set abgespielt (Santaolalla 2003).

Ich möchte die psychologische Wirkung der Musik anhand der Eröffnungssequenz genauer erörtern (4'07''–5'22). Meine folgende Interpretation sieht die Musik dabei als deutende Filmmusik, die der Bildebene durch ihre abstrakten Ausdrucksmöglichkeiten eine zusätzliche Bedeutungsebene hinzufügt, also eine syntaktische Funktion erfüllt.

Man sieht Vögel vor einem rot gefärbten Himmel davonfliegen. Dann Paul, der schwer herzkrank ist, in einem Spitalbett liegend. Er betrachtet die Schläuche, die in seine Arterien laufen. Auf der akustischen Ebene ist ein tiefer, sich repetierender, rhythmisch einfach aufgebauter E-Gitarren-Riff zu hören, der nachhallt. Ganz leise ist weiter eine akustische Gitarre zu hören, die feine, hohe Klänge von sich gibt, das kleine Bisschen Hoffnung, das dem ihm Sterbebett liegenden Protagonisten noch geblieben ist, verkörpernd.

Die Musik funktioniert nicht nur als Stimmungserzeugung – im Sinne einer Paraphrasierung oder des *Underscoring*[7] – sondern auch psychologisch, in dem sie das

Innenleben des Protagonisten, seine Wünsche und Ängste offenbart. Ein Teil von Paul hat bereits mit dem Leben abgeschlossen, ist bereit den Tod zu akzeptieren. Dieser wird – so kann interpretiert werden – von den tiefen Klängen verkörpert, die Melancholie suggerieren. Der andere Teil, noch mit Hoffnung erfüllt wird durch die hohen Töne dargestellt.

3.4 Geräusch-Charakter der Musik

Ungefähr nach der Hälfte der Laufzeit von 21 GRAMS, sind wir Zeugen, wie der Unfall, bei dem der Ehemann und die beiden Töchter von Christina sterben, sich abspielt (67'00''– 68'03''): Ein junger Mann bläst mit einem Luftdruckreiniger die Blätter vom Vorgarten eines Einfamilienhauses. Der Ehemann von Christina und die beiden Mädchen laufen vorbei. Die Kamera bleibt bei dem jungen Mann, der weiter Blätter zusammen bläst, stehen. Ein Wagen kommt vorbeigefahren. Kurz darauf ist ein Quietschen zu hören. Der junge Mann dreht sich um, lässt den Reiniger fallen und rennt aus dem Bild. Wir hören weiterhin das Geräusch des Luftdruckreinigers, vielleicht symbolisch für die Leben, die eben zu Ende gehen, ausgehaucht werden. Geräusche können über ihre primäre Funktion der Erzeugung von Realismus und Atmosphäre hinausgehen, und die Aufgabe von Musik übernehmen. Adorno/Eisler (1947) sagen zu Musik mit Geräuschcharakter:

> Es kann Zweifel darin bestehen, dass es im Film Situationen gibt, insbesondere solche, in denen das Medium des Wortes im Vordergrund steht, in denen ausgeführte musikalische Vordergrundgestalten stören würden. Es ist weiter zuzugeben, dass solche Situationen gelegentlich dennoch einer akustischen Ergänzung bedürfen, dessen, was man in der Technik des Sendespiels Hörkulisse nennt. Gerade wenn man diese Forderung aber ernst nimmt, ist es besonders problematisch, angeblich unauffällige Musikstücke, die man nicht hören soll, an solche Stellen einzusetzen. Dem Sinn nach müssen solche Hörkulissen der Sphäre des Geräusches näher stehen als der artikulierten Musik, und wenn sie in einen musikalischen Zusammenhang einbezogen werden sollten, so müsste es sich um etwas wie auskomponierte Geräusche handeln. Ein solcher Geräuschcharakter der Musik würde auch jenem >Realismus< des Films eher entsprechen [...] (Adorno/Eisler 1947: 193-94).

Ziehen wir eine weitere Sequenz zur Betrachtung bei, in der das Stück „Can I be forgiven?" zum Einsatz kommt, finden wir den Vorschlag Adorno/Eislers (1947) in die Tat umgesetzt: Paul und Christina küssen sich, als dieser gesteht, der Träger des Herzens ihres Mannes zu sein. Christina ist ausser sich. Sie beschimpft ihn, in Rage gekommen

(85'40''–87'12''). Die musikalische Begleitung besteht aus tiefen, lang ausgehaltenen Tönen die nachhallen, und Höheren, Kürzeren, die auf- und abschwellen. Der Klang der Kürzeren erinnert an Tropfen, vielleicht Tropfen der Erkenntnis, die Christina nun erfährt? Rhythmus und Melodie sind bei diesem Stück extrem reduziert und verlangsamt: Das Resultat wirkt wie komponierte Geräusche.

3.5 Dynamik

Das Stück „Can Light Be Found In the Darkness?" am Ende des Films ist in Mezzopiano gehalten. Diese Feststellung gewinnt an Bedeutung, wenn wir die Aussage von Schneider (1997) beiziehen, der sagt, dass eine erhöhte Sensibilisierung des Gehörs erst bei leiseren Tönen und Klängen stattfindet. Da wir uns mehr anstrengen müssen, um gedämpfte Musik klar wahrzunehmen, gewinnen die jeweiligen Passagen mehr Aufmerksamkeit, und somit Hervorhebung. Gorbman (1987) sagt zur Wahrnehmung von Filmmusik:

> Moreover, hearing requires a greater duration of the sound stimulus, than vision requires of an image in order to be recognized. Thus hearing is at once more selective and lazier than vision; it „focuses" consciously on one or best two auditory events at the time. Now, in watching a conventional film whose dialogues and visuals are telling a story, we devote our concentration to its successive events and the meanings that are constantly accruing them. Most feature films relegate music to the viewers sensory background, that area least susceptible to rigorous judgment and most susceptible to affective manipulation [...] (Gorbman 1987: 11-12).

Darin liegt meines Erachtens die Effektivität Santaolallas Musik: In ihrer scheinbaren Einfachheit, die das menschliche, akustische Wahrnehmungssystem bei der gleichzeitigen Rezeption von Bildern und Story nicht überfordert und dadurch bewusster erfahrbar und effektiver ist. Simultan ist sie in ihrer Wirkung aber dennoch sehr profund und vermag eine innere Tiefe und dramatische Wahrheit zu erzeugen: Minimalismus mit hohem Wirkungsgrad.

5 Fazit

Der Diskurs darüber, wie eigenständig eine Filmkomposition seien darf, ist umstritten. Soll man Filmmusik bewusst wahrnehmen, oder ist die beste Musik noch immer die, welche man nicht hört?

Orchestrale, polyphone Kompositionen sind nach wie vor die häufigsten Vertonungsart für Filme. Doch was die Wirkung mit den Bildern eines Filmes zusammen anbelangt, in ihrer zeitgleichen Synthese, so ist weniger manchmal mehr. Seit der Etablierung des Blockbusters in den 1960er Jahren und Filmen wie LAWRENCE OF ARABIA (R: David Lean, GB 1962) oder STAR WARS (R: George Lucas, US 1977), bei denen pompöse Filmmusik zum Standart gehört, hatten experimentelle Vertonungen einen schwierigen Stand. Das Diktat der Filmproduktionsfirmen nach Marktwirtschaftlichkeit und somit Durchschnitt, hat einer innovativen, kreativen Entwicklung der Filmmusik nicht weiter geholfen. Gustavo Santaolalla ist mit seiner minimalistischen, unaufdringlichen, aber dennoch sehr wirksamen Musik ein Wegbereiter für eine neue Art von Filmmusik, bei der der Soundtrack scheinbar im Hintergrund bleibt, auf seine subtile Weise aber grosse Wirkung zu entfalten vermag.

5 Anhänge

5.1 Glossar

[1]*Mariachi Bands:* Mariachi ist die Bezeichnung für die Musiker einer typisch mexikanischen Musikformation. Ein modernes Mariachi-Ensemble besteht üblicherweise aus 7 bis 12, gelegentlich auch aus bis zu 20 Elementen mit Gitarren, Vihuela, Guitarron, Geigen, Trompeten und Sängern. Die Instrumentalisten übernehmen in vielen Liedern Chorpartien oder auch Soloparts.

[2]*compilation scores*: Schon bestehende Musik aus der Hoch- und Populärkultur wird zum vordergründigen Unterlegen des Filmes verwendet.

[3]*Ambientsound:* Erholsame Umgebungsmusik, bei der ruhige, sphärisch-elektronische Klänge dominieren.

[4]*Pointilismus*: Spätimpressionistische Stilrichtung in der Malerei, in der ungemischte Farben punktförmig nebeneinander gesetzt wurden.

[5]*Tremolo*: Ein Tremolo (je nach Modell auch Vibrato genannt) ist eine mechanische Vorrichtung am Saitenhalter einer Gitarre, um mittels einer Hebelbewegung Tonhöhenveränderungen hervorzurufen. Wird der Hebel bewegt, ändert sich die Spannung der Saiten und damit gleichzeitig die Stimmung des Instruments.

[6]*Glissando*: Der Begriff Glissando bezeichnet in der Musik die kontinuierliche (gleitende) Veränderung der Tonhöhe innerhalb eines größeren Intervalls. Bei Gitarren kann nur durch Zuhilfenahme eines Bottlenecks (Zubehör für Gitarrenspieler, mit welchem Glissandi über das gesamte Griffbrett der Gitarre möglich sind) oder mit bundlosen Vertretern, wie dem fretless (bundloss) Bass, ein echtes Glissando erreicht werden.

[7]*Underscoring*: Das Underscoring ist ein Kompositionsverfahren, bei dem die auf der Bildebene dargestellten Ereignisse und Gefühle soweit als möglich synchron mit vollzogen werden. Die Musik dient dabei der Paraphrasierung und Verstärkung der optischen Eindrücke.

5.2 Literaturangaben

- Adorno, Theodor W. / Eisler, Hanns 1969/1977: *Komposition für den Film.* Leipzig: Deutscher Verlag für Musik.
- Adorno, Th. W. / Eisler, Hans 1972: *Vorurteile und schlechte Gewohnheiten.* In: Theorie des Kinos : Ideologiekritik der Traumfabrik. S. 193-94. Hrsg. von Karsten Witte. -Frankfurt am Main: Suhrkamp Verlag.
- Brown, Royal 2006: *Die Moderne Filmmusik.* In: Geschichte des Internationalen Films. S. 517. J. B. - Weimar: Metzler Verlag.
- Clemmensen, Chrisitan 2007: *21 Grams. Filmtracks Editorail Review.* http://www.filmtracks.com/titles/21_grams.html (Internet: 5.3.2007).
- Gorbman, Claudia 1987: *Unheard melodies : narrative film music.* Chapter I. - London: BFI Publishing.
- Gorbmann, Claudia 2001: *Filmmusik. Texte und Kontexte.* In: Film und Musik / Regina Schlagnitweit, Gottfried Schlemmer (Hg.). – Wien : Synema Verlag.
- Gorbmann, Claudia 1976: *Teaching the Soundtrack.* Quarterly Review of Film Studies.
- Internet Movie Database 2007: *Gustavo Santaolalla.* In: http://www.imdb.com/name/nm0763395/ (Internet: 5.3.2007).
- Krohn, Tarek 2008: *Kompositionen für den Film – Der getreue Korrepetitor* Theodor W. Adorno / Hanns Eisler. In: http://www.filmmusik.uni-kiel.de/theoretiker/texttheoriekompositionenEisler.pdf (29.1.2011)
- Schneider, Jürgen 1997: *Komponieren für Film und Fernsehen. Ein Handbuch.* – Mainz: Schott Verlag.
- Stage and Screen online 2007: *Gustavo Santaolalla.* In: http://www.stageandscreenonline.com/downloads/gustavo_santaolalla.html (29.1.2011).
- Time 2005: *The 25 most influential Hispanics in America.* In: Time Magazine, Jg. 166, Nr. 8, S.42-43.

5.3 Filmografie

21 GRAMS

Alejandro Gonzalez Innaritu, USA 2003

DVD: Constantin Film

5.4 Diskografie

- Santaolalla, Gustavo 2003: *21 Grams* – Original Motion Picture Soundtrack. CD: Varese Sarabande Records.
- Santaolalla, Gustavo 2004: *The Motorcycle Diaries* – Original Motion Picture Soundtrack. CD: Deutsche Grammophon GmbH.
- Santaolalla, Gustavo 2006: *Babel* – Music from and inspired by the Motion Picture. CD: Concord Records.